ÂF450614

DE L'INFLUENCE

DE

L'IMPRIMERIE

SUR LA RÉVOLUTION.

Cet ouvrage a été composé par le Citoyen DAUBE, pour servir de Discours préliminaire à l'Essai sur les Préjugés de DUMARSAIS.

L'an premier de LA RÉPUBLIQUE FRANÇAISE.

DE L'INFLUANCE DE L'IMPRIMERIE SUR LA RÉVOLUTION.

QUAND on parcourt l'histoire des peuples de l'antiquité les plus célèbres, et qui ont fait les plus grands progrès dans les beaux arts ; quand on approfondit leurs loix et leurs constitutions, on est étonné de l'inutilité de leurs efforts pour établir une forme de gouvernement propre à opérer le bonheur de la société : mais en méditant sur les révolutions qu'ils ont éprouvées, on se convaincra que leur peu de succès ne doit être attribué qu'à l'ignorance du peuple sur les objets les plus importans. La rareté des livres, le prix excessif du peu de bons ouvrages qui existoient, concentroient nécessairement les lumières dans un cercle étroit d'hommes presque toujours intéressés à abuser de leur supériorité, tandis que le reste de la nation languissoit dans les préjugés politiques ou religieux. On ne laissoit transpirer jusqu'au peuple que le peu de vérités qui ne pouvoient point nuire à l'ambition des chefs. S'élevoit-il quelqu'homme vertueux, un Socrate qui consacrât ses talens à éclairer le peuple, à l'instruire, à armer sa raison contre les préjugés et les prétentions des charlatans ? prêtres et tyrans se réunissoient pour l'envoyer au supplice.

Mais le mal devint encore bien plus terrible, lorsque l'invasion des peuples barbares, après la destruction du petit nombre de monumens des sciences et des arts, eut replongé l'Europe dans la barbarie, et lui eut fait perdre jusqu'à la trace de ses premières connoissances. Si jusqu'alors les peuples avoient été le jouet des ambitieux, du moins ils étoient comptés pour quelque chose, ils avoient quelque part dans le gouvernement, si vous en exceptez l'intérieur de l'Asie, où une ignorance plus profonde favorisoit un despotisme plus absolu. Si leur religion étoit absurde, si leurs prêtres étoient superstitieux, fanatiques et vindicatifs, du moins ils n'étoient pas tout-puissans. On ne s'étoit pas encore avisé de consacrer par les terreurs religieuses les usurpations des tyrans, et les absurdes inventions des prêtres par la force des armes et les supplices. Ce fut cette copulation monstrueuse entre le despotisme et la superstition, qui porta les maux de l'humanité à leur comble. Le premier, avec ses satellites farouches, environné de haches, de bourreaux, précédé par la terreur, suivi par les malédictions, dévasta les campagnes, en chassa l'industrie et la fertilité, et n'y laissa que l'abattement, la misère et l'abrutissement. Son souffle empesté produisit la dépopulation et les convertit en de vastes solitudes ; établi par la force, il se maintint par la perfidie et la corruption ; la justice ne fut plus qu'un vain mot. Quelle idée en effet se former de la justice là où l'intérêt de l'ennemi, de l'oppresseur du peuple est regardé comme l'intérêt public ; où l'on appelle servir la patrie, aider au tyran à l'asservir ; où les caprices du despote sont les seules loix ; où la trahison, le meurtre, le pillage, l'incendie, sont des vertus, quand il les commande ? Il ne connoît qu'un seul devoir, la soumission entière, l'obéissance aveugle ; la terreur est son seul mobile : qu'on le haïsse, mais qu'on le craigne, *oderint, dùm metuant,* voilà sa maxime. Mais comment sont-ils parvenus à réduire les peuples à ce

(5)

degré d'avilissement, à les dégrader
au point de se regarder comme de vils
troupeaux appartenant à leurs chefs ?
Comment ont-ils détruit dans l'homme
l'horreur qu'il a pour la servitude ?
Comment ont-ils effacé en lui le sen-
timent de sa propre dignité ? Comment
se sont-ils préservés du désespoir que
devoit naturellement produire l'oppression ? Comment ont-ils dénaturé
les idées, au point de faire regarder
comme le plus grand des crimes ce
que les Grecs et les Romains regar-
doient avec raison comme une vertu,
comme un devoir, le meurtre des
tyrans ? Comment ? par la superstition.
Pour asservir les corps, il falloit com-
mencer par subjuguer les ames, et ce
fut l'ouvrage des prêtres.

Pour y réussir, ils commencèrent
par se donner comme les interprètes
de la volonté du ciel, comme des êtres
privilégiés à qui la divinité se com-

muniquoit exclusivement. La crédulité des peuples, aidée de leurs faux prestiges, favorisa leur prétention. Pour frapper les imaginations et les conduire par la terreur, ils représentèrent Dieu comme un tyran ; ils lui prêtèrent leurs passions, la colère, la haine, la vengeance, la partialité, l'inconstance, la jalousie ; ils en firent un être cruel, altéré de sang, implacable dans ses fureurs ; ils imaginèrent un lieu terrible où ils accumulèrent tous les genres de tortures et de supplices, un feu dévorant et impérissable, des chaudières bouillantes, un ver rongeur, des diables ministres de ce dieu de vengeances, destinés à tourmenter éternellement les dix-neuf vingtièmes des hommes ; en un mot ils firent Dieu semblable aux tyrans de la terre : par-là ils divinisèrent en quelque sorte les vices de ces derniers, et accoutumèrent les hommes à souffrir, sans murmurer, leurs injustices, leurs vexations, leurs brigandages. Après avoir donné aux hommes cette idée de la divinité, il ne leur fut pas difficile de leur persuader que leurs chefs étoient ses représentans en ce monde, que leur autorité venoit du ciel, & que c'étoit offenser le ciel, que d'y résister.

C'est ainsi que les prêtres firent l'apothéose du despotisme; ils obtinrent en reconnoissance le privilége de tromper le peuple pour leur compte, et de s'enrichir de ses dépouilles; ils se donnèrent comme les dispensateurs des graces et des punitions célestes, et tinrent les hommes crédules et pusillanimes prosternés à leurs pieds; ils leur persuadèrent que Dieu s'appaisoit par des offrandes dont ils profitèrent, que l'attachement aux biens et aux jouissances de ce monde étoit un crime, et par-là s'approprièrent presque tous les biens, et se réservèrent toutes les jouissances , enfin que l'œuvre la plus méritoire devant Dieu , étoit de donner ses biens à l'église, c'est-à-dire à eux, et qu'on expioit ainsi tous les crimes, et par-là ils devinrent bientôt les légataires universels de la moitié de l'univers chrétien. Tel fut le pacte entre le trône et l'autel. *Tromper et effrayer pour dominer et pour voler,* voilà les conditions et les avantages réciproques , le but et les moyens des prêtres et des tyrans. C'est ainsi qu'en réunissant leurs efforts, ils parvinrent à établir leur pouvoir arbitraire sur les ruines de la liberté et de la félicité publique. Aristote avoit dit qu'un tyran doit paroître inviolablement attaché au culte des dieux. Cette maxime adoptée par Machiavel, fut fidellement suivie par les tyrans. Les plus exécrables furent aussi les plus dévots. Louis XI, Charles-Quint,

Philippe II , Louis XIV, Jacques II,
Catherine de Médicis , la reine Marie
furent très - dévots, et le fléau des
peuples.

Mais pour établir le despotisme
tant sacerdotal que politique, il falloit de bonne heure y préparer les
esprits par l'abrutissement, étouffer la
raison par les préjugés ; substituer des
absurbités sacrées à des connoissances
utiles, corrompre et avilir les ames,
obscurcir et égarer les esprits. Les
ames nobles et vertueuses ne savent
pas plier sous le joug ; et dès que
l'homme ose penser, l'empire des
prêtres et des despotes touche à sa
ruine.

L'éducation de la jeunesse fut donc
confiée à des prêtres. Leur premi e
soin fut d'exiger de leurs élèves un
respect et une soumission absolue pour
leurs dogmes, quelqu'absurdes qu'ils
soient : le doute même fut regardé

comme un crime, la soumission, ou plutôt l'abnégation de la raison, et la foi aveugle, comme la plus grande de toutes les vertus. A les entendre, sans la foi toutes les actions les plus héroïques, les plus admirées, non-seulement perdent tout leur mérite, mais sont autant de péchés. Ce premier pas fait, ils remplirent leur esprit de mystères inconcevables, de faits incroyables, de dogmes extravagans; la morale ne consista que dans le combat continuel des passions les plus naturelles et souvent les plus utiles, ou dans des pratiques pénibles et ridicules; ils firent des crimes de tout, pour humilier l'homme par l'idée de son imperfection, et l'entretenir dans des terreurs continuelles; ils lui rendirent la vertu impossible, pour le décourager et lui ôter toute énergie; les plaisirs les plus innocens devinrent des scandales; le mariage, le plus saint des devoirs sociaux, une imperfection ; et le plus grand des attentats contre la société , la nullité monastique , le plus haut degré et le modèle de la perfection. Plus ils dénaturèrent les idées , plus ils éloignèrent l'homme de la vérité , et plus aussi ils l'enchaînè-rent. Une conscience chargée de vains scrupules étoit nécessairement plus dé-pendante ; celui qui méconnoît l'usage de sa raison, doit par force se laisser guider ; une imagination enivrée de chimères est aisée à enflammer , et propre à servir les projets ambitieux et haineux des prêtres qui ont fait ver-ser tant de torrens de sang humain jusqu'à nos jours. On n'oubliera pas de long-tems les croisades , les vêpres siciliennes , la Saint-Barthélemi , les massacres d'Irlande , et tant d'autres guerres sacrées qui ont fait périr au moins dix millions d'hommes par le fer , et beaucoup plus par la misère et les maladies qui en sont les suites inévitables. Arles, Nîmes, Montauban, vos rues sont encore teintes du sang que des prêtres farouches ont fait répandre pour seconder les fureurs du dernier tyran des François.

De leur côté, les despotes secondèrent les efforts des prêtres. Les bourreaux, les supplices attendirent ceux qui osoient penser sans la permission sacerdotale. Les prêtres menaçoient de l'enfer ceux qui ne se soumettoient pas aux tyrans ; ceux - ci menacèrent des tortures et de la mort ceux qui osoient secouer le joug ecclésiastique. Telle est la double et lourde chaîne qui pesoit et pèse encore sur la plus grande partie de l'humanité : la vérité proscrite de la terre, n'osoit plus y paroître qu'en contrebande ; et quand quelqu'homme intrépide osoit braver l'échafaud ou les bûchers sacrés de la sainte inquisition pour la faire entendre, elle ne trouvoit que des ames endurcies, cuirassées de préjugés, sur qui elle ne faisoit que glisser; et les précautions d'un gouvernement soupçonneux et oppresseur avoient étouffé ce germe précieux, avant qu'il eût pu se développer.

Ainsi le genre humain sembloit destiné à gémir éternellement dans l'esclavage des préjugés, dans les ténèbres de l'imposture et de l'ignorance, lorsque le ciel, touché de ses maux, lui envoya *Guttemberg* et l'imprimerie. Cette invention divine, que la plupart des historiens daignent à peine remarquer en passant, sera pour nos neveux l'époque la plus remarquable de l'histoire qu'ils diviseront en deux grandes parties, le règne de l'ignorance, des préjugés et de l'erreur, et celui des lumières, de la raison et de la vérité. Ce dernier a eu ses commencemens et en quelque sorte son enfance qui fut longue et laborieuse, ses progrès ou son adolescence qui fut lente et tardive. Mais enfin nous touchons à sa perfection ou à l'âge mûr de la raison.

Cet art merveilleux qui multiplie les pensées et les lumières dans une progression incalculable, qui reproduit les grands-hommes plusieurs siècles après leur mort et dans des milliers d'endroits à la fois, qui rend leur génie, comme la divinité, présent en tous lieux; cet art véritablement magique fut aussi poursuivi comme une magie par les prêtres, qui prévoyoient sans doute que cette magie détruiroit celle qui leur avoit servi jusqu'alors à fasciner les esprits.

Faut-il parcourir ici les bienfaits que nous devons à cette précieuse découverte? Quelle est la science qui ne lui doive sa naissance ou ses progrès? Si la mécanique a enrichi l'industrie d'une foule de machines qui, en épar-

gnant le travail de l'homme , multi-
plient ses effets ; si l'anatomie a levé
une partie du voile qui nous cachoit
l'organisation de notre être , et nous
a appris à faire servir à sa conserva-
tion le même fer qui a servi à sa destruction ; si la chimie , cette anatomie
des corps non organisés , a surpris le
secret de la nature et en a imité les
phénomènes les plus surprenans ; si
l'électricité nous a appris à maîtriser le
tonnerre , n'est-ce pas à l'imprimerie
que nous en sommes redevables ? n'est-
ce pas elle qui a formé les *Kepler* , les
Newton , les *Bernouilli* , qui nous ont
appris à lire dans les cieux et à calculer
les mouvemens des astres.

Et vous *Montagne* , *Locke* , *Bayle* ,
Helvétius , *Rousseau* , *Dumarsais* , *Rai-
nal* , *Voltaire* , si nous jouissons chaque
jour de votre conversation , si nous
nous nourrissons de vos pensées , si
votre lecture nous rend et plus heu-

reux et meilleurs, n'est-ce pas le bienfait de l'imprimerie ? Enfin n'est-ce pas
elle qui en dévoilant les abus, en com-
battant les erreurs, en démasquant les
imposteurs et les charlatans, a préparé
les utiles réformes dont nous nous ap-
plaudissons ? N'est-ce pas elle qui en
disséminant les lumières, en propageant
l'instruction jusques dans les dernières
classes de la société, a porté le coup
mortel au despotisme, et amené l'heu-
reuse révolution qui a rendu l'homme à
ses droits et à sa dignité méconnue jusqu'à nos jours ? et c'est-elle qui en éten-
dra les effets à tous les peuples de la
terre. Vainement les despotes et les prêtres se débattent-ils pour s'y soustraire,
leurs jours de règne sont passés ; l'é-
difice de l'erreur est sappé par ses
fondemens ; il penche vers sa ruine,
et va les ensevelir sous ses décombres.
Leurs efforts pour s'opposer au torrent
de l'opinion, ne serviront qu'à hâter

leur catastrophe. Telle est la différence entre la vérité et le mensonge, que celui-ci, pour se soutenir, a besoin d'être étayé sans cesse de prestiges et de séductions ; la vérité au contraire se soutient par elle-même ; le temps et la réflexion la confirment, au-lieu qu'ils détruisent le mensonge. Un principe fécond une fois découvert, les conséquences nombreuses qui en découlent se présentent successivement à tous les esprits, et chacune d'elles est un coup mortel porté à quelque préjugé. Un seul bon livre peut renverser un million d'erreurs. C'est le flambeau qui allume un incendie immense. Des millions de monumens consacrent la vérité qu'il contient ; des millions de bouches dans autant d'endroits différens la répètent et la propagent. Environnez - vous, tyrans, de vos nombreux satellites : elle se fera jour au milieu d'eux ; elle vous atteindra

Tome I.   b

sur votre trône, pour vous en précipiter. Et vous, apôtres de l'imposture, soudoyez les mille bouches de la calomnie : armez les mille bras du fanatisme : la vérité, comme la tête de Méduse, n'a qu'à se montrer pour vous pétrifier. Tremble qu'elle tombe en traits de feu, pour réduire votre Sodôme en cendres. *Plus de rois, plus de prêtres*; ce cri de la raison et de la liberté va retentir d'un pôle à l'autre, il sera répété du Mexique au Japon. Délivré de ces deux fléaux, le monde n'offrira plus qu'un peuple entier de frères tous égaux, tous libres, tous s'occupant à l'envi du bonheur commun; le rêve du vertueux abbé de Saint-Pierre sera réalisé. La guerre n'a jusqu'ici ensanglanté la terre que pour l'intérêt des rois et des prêtres; elle disparoîtra avec eux. Les vices et la misère, suites de l'ignorance et de l'oppression, étoient leur ouvrage; ils

feront place au règne de l'abondance
et des vertus, fruits heureux des lumières et de la liberté. Tels seront les
bienfaits de l'imprimerie, dont le grand
Rousseau avoit méconnu le pouvoir,
lorsqu'il désespéroit du salut de ma
patrie. « Un peuple, dit-il, peut
» se rendre libre, tant qu'il n'est que
» barbare ; mais il ne le peut plus,
» quand le ressort civil est usé. Alors
» les troubles peuvent le détruire,
» sans que les révolutions puissent le
» rétablir ; et si-tôt que ses fers sont
» brisés, il tombe épars, il n'existe plus.

Et toi aussi, sage Helvétius, tu as
calomnié ma patrie, en regardant ses
maux comme sans remède : as-tu pu
dire de la France : « cette nation avi-
» lie est aujourd'hui le mépris de l'Eu-
» rope ; nulle crise salutaire ne lui ren-
» dra la liberté ; c'est par la corromp-
» tion qu'elle périra : la conquête est le
» seul remède à ses malheurs. On y fera

» de jour en jour moins de cas des lu-
» mières , parce qu’elles y seront de
» jour en jour moins utiles ; parce
» qu’elles éclaireront les François sur
» le malheur du despotisme , sans leur
» procurer le moyen de s’y soustraire ».

Ces deux grands-hommes ne prévoyoient pas que leurs propres ouvrages contribueroient à démentir
leurs sinistres prophéties ; ils ont vu
l’étendue de nos maux , mais ils en
ont mal apprécié le remède : ils n’ont
pas réfléchi que les méditations que
le sage préparoit en silence , et que
l’on osoit d’abord à peine se commu-
niquer à l’oreille , deviendroient bientôt , par le bienfait de l’imprimerie ,
un bien commun à tous , et que
les prohibitions et les inquisitions
du despotisme ne serviroient qu’à les
répandre et à leur donner plus de
vogue ; parce que dans tous les cas les
obstacles irritent les desirs , et donnent

plus d'attraits à la jouissance ; et que dans celui-ci sur-tout, on pouvoit juger du prix d'une production par les efforts du gouvernement à l'étouffer.

C'est un ton généralement reçu de se plaindre de la nature de l'homme. Un législateur fait-il de mauvaises loix, c'est que les peuples pour qui il les fait, n'en comportent pas de meilleures. Reproche-t-on à un pédagogue les vices et l'ignorance de ses disciples ; il les trouve bouchés, méchans, indisciplinables. Un médecin tue-t-il ses malades, c'est à coup sûr la faute du malade ou de son tempérament, ou que sa maladie étoit incurable. Les prêtres attribuoient à un prétendu péché originel les vices dont leurs pernicieuses institutions ont infecté l'espèce humaine. Si cette manière de raisonner est très-commode à l'ignorance des chefs, elle n'est guères favorable aux progrès des aveugles qu'ils conduisent. Cette idée décourageante de l'imperfection de notre nature, disparoîtra sans doute avec ceux qui avoient intérêt de l'établir. C'est sur-tout en fait de morale et de politique qu'elle est dangereuse. Quoi! la raison de l'homme aura produit des miracles dans les sciences et dans les arts souvent les plus futiles, et lorsque la curiosité étoit son seul mobile; et quand il s'agit de ses plus chers intérêts, cette même raison ne seroit qu'une fausse lueur propre à l'égarer! N'attribuons pas à la nature ce qui est l'effet de nos mauvaises institutions et du crime de nos chefs. Si nous n'avons encore aucune idée de la morale, si nos premiers pas en politique ont été chancelans, c'est que jusqu'ici l'entrée du sanctuaire de ces sciences nous étoit sévèrement interdite. Mais que ne doit-on pas attendre des efforts de l'esprit humain, lorsque

dégagé des entraves politiques et sacer-
dotales, il se livrera en entier à cet
objet important! Ses progrès seront
rapides et immenses : les obstacles
sans nombre qu'on lui a opposés jusqu'ici, n'ont pu, je ne dis pas, le faire
rétrograder, mais l'empêcher d'avan-
cer. Quels succès, quels prodiges n'en
devons - nous pas espérer, lorsque
chaque observation nouvelle, chaque
expérience, chaque découverte, chaque idée utile sera mise à profit, et
formera un pas de plus vers la perfection ; lorsque l'éducation ne sera plus
le privilége exclusif des richesses ou
d'une caste privilégiée, mais répandra
ses bienfaits sur la société entière ;
lorsque sur-tout cette éducation ne
consistera plus dans un mélange con-
fus d'habitudes serviles, de dogmes
absurdes, de maximes pernicieuses et
d'études futiles ? La source féconde de
nos égaremens et de nos mauxs, ce sont

les habitudes vicieuses contractées dans cette éducation, les erreurs et les préjugés dont elle a enveloppé notre entendement ; préjugés qui substituant la mémoire au jugement, nous induisent sans cesse dans de faux raisonnemens, dont l'habitude où on nous a mis de nous payer de mots, nous empêche de voir le défaut. Une éducation sage, conforme à la nature, qui favorise le développement de toutes les facultés, et qui fasse naître les penchans vertueux, doit donc être un remède infaillible à ces maux. La raison perfectionnée évitera les faux calculs du vice, et ne trouvera plus un ennemi indomptable dans des passions qu'on aura appris de bonne-heure, non à réprimer ou à étouffer, ce qui est impossible, mais à modérer et à diriger vers l'utilité publique ; ce qui est toujours aisé, quand on n'est traversé ni par la religion, ni par le gouvernement.

Mais la génération naissante profitera seule des heureux effets du changement de l'éducation, et la génération présente vaut bien la peine que nous nous occupions aussi d'elle. C'est pour elle qu'il faut trouver un moyen de suppléer aux défauts de son éducation, et d'en corriger les effets. Ce moyen consiste à propager les bons principes, les idées saines et utiles, à combattre les préjugés, les erreurs et les vices, à faciliter l'instruction, en répandant les bons livres jusqu'à la profusion. Jusqu'à présent ces bons livres, et sur-tout ceux dont le gouvernement redoutoit le plus l'influence, ne se trouvoient que dans les bibliothèques des curieux et dans les mains de quelques philosophes. Les idées des grands-hommes, le fruit de leurs veilles et de leurs méditations, étoient devenus la propriété exclusive d'un petit nombre d'individus. Détruisons ce mono-

pole de lumières, popularisons la raison ; c'est le seul moyen d'établir par
le fait cette égalité précieuse, base
nécessaire du gouvernement républicain. L'aristocratie des connoissances
et des talens lui deviendroit peut-
être aussi funeste que celle des nobles
et des prêtres.

J'ose donc me flatter de servir ma
patrie, en mettant tous les citoyens
à portée de jouir d'un bien auquel ils
ont tous un égal droit, en rendant à
la circulation un trésor resté enfoui
jusqu'à ce jour. Je ne crains point
d'être taxé d'exagération, en parlant
ainsi de l'*Essai sur les Préjugés* de Dumarsais. S'il faut juger du mérite d'un
ouvrage par les terreurs qu'il inspire
aux mauvais gouvernemens et aux
mauvais citoyens, et par les efforts
que l'on a faits pour le proscrire, celui
de l'Essai sur les Préjugés est incon-
testable. Depuis près de cinquante ans

qu'il est écrit, il n'a pas pu être imprimé en France : quelques exemplaires s'y sont glissés d'une édition faite en Hollande en 1770, mais en si petit nombre, qu'il étoit resté presqu'entièrement ignoré. Les compilateurs et les auteurs des Dictionnaires n'en parlent que comme d'une production *peu connue*, & *qu'on attribuoit à Dumarsais* ; ils se gardent bien de le faire connoître, et d'en indiquer même le titre. Sabattier ne le désigne que par les mots vagues de *quelqu'autre ouvrage impie assez mauvais, et heureusement ignoré.* Ces expressions dans la bouche d'un tel homme équivalent bien, je pense, à un éloge. Une circonstance qui n'est pas moins glorieuse pour Dumarsais, c'est que tandis que Rousseau, Voltaire, Helvétius, Fréret, Boulanger, Raynal étoient entre les mains de tout le monde, à peine savoit-on qu'il existât un Essai sur les Préjugés :

or le gouvernement se connoissoit en bons livres. Celui-ci avoit paru chez l'étranger ; et je défie tous ceux qui l'auront lu, de dire qu'il méritoit moins d'être connu que les auteurs que j'ai cités. Le but de cet ouvrage est au moins aussi utile que celui des leurs ; il est aussi bien écrit et bien mieux raisonné ; et je ne craindrai pas d'assurer que s'il eût été plus répandu, il auroit hâté la révolution de plusieurs années. Mais s'il n'a pas eu la gloire de contribuer aussi efficacement que les auteurs immortels que j'ai cités, à la chûte du despotisme, peut-être parce qu'il le frappoit trop directement et trop fort, il n'en sera pas moins intéressant de voir comment il osoit développer l'ame fière et les sentimens énergiques d'un républicain, cinquante ans avant qu'il y eût une république. Si quelques circonstances ont changé depuis, pas un de ses principes n'a vieilli. C'est que la vérité est de tous les âges comme de tous les lieux. Son livre doit fervir de fanal à tous les peuples qui voudront se rendre libres, et réveiller, dans ceux qui le sont, des ressouvenirs qui ne sauroient leur être indifférens. Il a d'ailleurs pour nous l'avantage d'offrir un jugement sur notre révolution et sur nos principes qui ne sauroit être suspect de partialité.

Enfin Dumarfais étoit non-seulement un républicain ardent, mais un profond métaphysicien et un sage ; aussi trouve-t-on dans son ouvrage les observations les plus déliées et les plus justes sur le cœur humain, et il eft en même tems le traité de morale le plus complet que nous ayons. Aussi suis-je convaincu qu'il n'y a pas de livre plus utile pour mettre entre les mains des jeunes-gens. Tant qu'il y aura des préjugés sur la terre, l'Essai sur les

Préjugés sera un livre classique : c'est dire qu'il le sera encore long-tems ; et en supposant qu'il vînt un tems où les hommes n'en auroient plus, il ne leur seroit pas même inutile alors ; il leur apprendroit à s'en préserver. Du moins ne sauroit-on me contester l'utilité de cet ouvrage pour une génération imbue des opinions les plus absurdes, qu'elle a sucées, en quelque sorte, avec le lait, et dont il lui sera bien difficile de se dépouiller. Cet ouvrage est d'autant plus, je ne dis pas utile, mais nécessaire, que le changement qui vient de s'opérer dans notre gouvernement, en exige aussi un dans nos opinions trop favorables au pouvoir absolu ; et de ce second changement dépend peut-être la stabilité du premier. Le gouvernement républicain enflamme, exalte toutes les passions, qu'il fait tourner au bien public ; le papisme les éteint toutes, et ne cesse de nous effrayer sur leur danger. L'humilité est la vertu par excellence des chrétiens ; la gloire est l'aliment des ames républicaines. La patrie est l'idole des républicains, le but de toutes leurs actions, l'objet de leurs plus chères affections. La théologie nous fait regarder cette vie comme un court passage indigne de nos soins et de nos sollicitudes : parens, amis, honneurs, réputation, sont autant d'objets de tentation qui nous détourneroient du seul soin important, notre salut, et dont le christianisme prescrit l'abnégation. La patrie au contraire se sert de tous ces objets, pour nous attacher à elle, ou plutôt l'amour de la patrie se compose de toutes ces affections particulières. Le patriotisme n'a qu'un but, le bonheur commun des citoyens, que la religion redoute comme incompatible avec le détachement des biens terrestres ; elle ne demande au

contraire que privations, souffran-
ces, tribulations; elle ordonne la soumission absolue, qui est la mort du
gouvernement républicain; elle prêche
le célibat, et la population est un
devoir du citoyen; et si on m'oppose
que tous ces sentimens ne sont qu'hy-
pocrisie dans la plupart des chrétiens &
sur-tout dans les prêtres, ce vice n'en
est que plus incompatible avec la fran-
chise républicaine. Nos opinions politiques ne sont pas moins inconci-
liables avec la république. Ne nous
aveuglons pas; reportons-nous un ins-
tant à l'époque où la révolution s'est
faite : humiliés, avilis sous un joug
tyrannique, nous tremblions, nous
nous prosternions au seul nom de roi;
murmurer contre ses injustices, oser
disputer sur sa volonté, étoit une espèce de sacrilége; approcher de sa personne étoit un honneur qu'on se dis-
putoit avec envie; un sourire, un
regard

regard de lui , une faveur dont on se targoit ; les offices les plus vils , et dont un esclave romain eût rougi , étoient brigués par ceux qui se qualifioient de grands , et combloient leur orgueil. Ces prétendus grands même , osions-nous les aborder sans les marques de la plus honteuse soumission? On achetoit par des bassesses l'honneur de les servir ; nos usages , notre langage , tout étoit servile. Chaque page de nos livres , la moitié de nos expressions , nos jeux mêmes rappellent l'idée de la royauté et de notre esclavage. Des siècles ont confirmé ces habitudes serviles qui doivent disparoître sous la république. Il ne suffit pas, pour les détruire , de déclarer les hommes égaux, il faut les convaincre de cette égalité , il faut qu'ils sentent leur dignité ; effet qu'on ne doit attendre que de l'instruction : l'homme ignorant ne se croira jamais l'égal de l'homme instruit. La loi lui permet vainement d'aspirer à toutes les places, si son incapacité le lui défend. Cette loi sera-t-elle l'expression de la volonté générale, tant que les dix-neuf vingtièmes des citoyens ne la comprendront pas? Or jusqu'à ce que la très-grande majorité soit en état d'émettre son vœu, et l'émettra réellement, nous n'aurons qu'une liberté imparfaite. Charger un autre de vouloir pour soi, est, il faut en convenir, une absurdité. On ne délègue pas plus la volonté que les sensations qui la déterminent. Jusqu'à ce que le plus grand nombre des citoyens puisse concourir directement à la formation de la loi, la liberté en dernière analyse se réduira au droit de se choisir des maîtres, et d'en changer par intervalles, et ce droit même en est-il un pour le plus grand nombre? Je le demande à ceux qui ont suivi les élections; sur cent votans, à peine s'en trouve - t - il un qui donne sa voix en connoissance de cause ; les autres, surtout dans les grandes villes, prononcent au hasard le premier nom qu'ils entendent, ou, ce qui est encore pis, qu'on leur a suggéré. C'est que la connoissance des hommes est tout au moins aussi difficile que celle des principes. Ils se trompent donc beaucoup ceux qui se croient déja des républicains, parce qu'on a prononcé le mot de république. Nous serons encore longtems gouvernés par l'intrigue, avant de l'être par la raison. L'arbre qu'on a tenu courbé pendant plusieurs années, ne se redresse que lentement et avec peine. Changer un royaume en république, des sujets en citoyens, des esclaves en hommes libres, n'est pas l'ouvrage d'un jour : on ne doit attendre cette régénération politique que de l'instruction secondée par l'imprimerie ; et l'étude de Dumarsais est plus propre que celle d'aucun autre ouvrage, à en hâter le moment. Personne n'a présenté des vérités aussi utiles avec autant de force et d'éloquence, quoique toujours avec méthode et sagesse. Aussi profond métaphysicien qu'Helvétius et Fréret, il n'a pas donné comme eux dans des systêmes plus ingénieux qu'utiles : dans Dumarsais tout est pratique ; il a dédaigné ou sacrifié tout ce qui ne tendoit pas au but constant qu'il n'a jamais perdu de vue, le bien de la société. Jamais il ne se laisse entraîner par son imagination comme Boulanger : moins savant peut-être que lui, il a nourri son ouvrage des pensées les plus heureuses et les plus solides des moralistes de l'antiquité ; mais son savoir est sans ostentation. Nulle part on ne remarque l'auteur, partout on trouve l'homme de bien. Son livre est l'évangile de la raison ; simple sans bassesse, son style, quoiqu'élevé, est à la portée de tous les esprits ; aux terreurs d'une religion absurde et menaçante, il fera succéder la confiance d'une conscience pure ; à ses consolations factices et fallacieuses, il substituera celles du bon-sens. Cette inscription fastueuse de la bibliothèque d'Osimandias : *trésor des remèdes de l'ame*, le lecteur reconnoissant la placera avec plus de raison à la tête de son livre.

Non, mon ami (1), notre espérance ne sera pas trompée ; Dumarsais, le catéchisme du bon-sens, remplacera bientôt ces catéchismes inintelligibles que les prêtres avoient inventés pour étouffer la raison de la jeunesse. Au-lieu de ces livres de prières insignifiantes, ou de chants gothiques écrits dans une langue qu'ils n'entendent pas, les cultivateurs eux-mêmes se procureront

(1) Le citoyen *Desray*, qui s'est prêté avec zèle au desir que je lui ai témoigné de voir réimprimer Dumarsais, dès qu'il a vu que c'étoit un moyen d'être utile à sa patrie.

dans Dumarsais un ami, un conseiller de tous les jours qui parle à leur bon-sens, qui nourrisse, qui fortifie leur raison, qui leur fasse goûter l'esprit de la liberté, bénir la révolution, et qui les guérisse de la maladie sacerdotale, la superstition. Il se trouvera du moins un citoyen dans chaque village, qui achètera ce livre ; et qui chaque di-manche, au-lieu de vêpres, ou de complies, ou d'un sermon ennuyeux et souvent fanatique, lira à ses conci-toyens assemblés un chapitre de l'Essai sur les Préjugés : et que ne doit-on pas attendre du peuple des campagnes, quand Dumarsais sera le précepteur des hameaux ? Les instituteurs dans les écoles primaires en liront tous les jours quelques pages à leurs élèves, en forme d'instruction. Au-lieu de les exercer à la lecture dans un Nouveau-Testament écrit en mauvais gaulois, ils leur ap-prendront à lire, à parler et à raison-ner dans Dumarsais.

www.ingramcontent.com/pod-product-compliance
Lightning Source LLC
LaVergne TN
LVHW020001180726
843503LV00008B/3764